אשה מצרף

Æsch Mezareph

OU

LE FEU PURIFIANT

UNICURSAL

Copyright © 2018

Éditions Unicursal Publishers
www.unicursalpub.com

ISBN 978-2-924859-85-8

Première Édition, Lughnasadh 2018

אשה מצרף

Æsch Mezareph

OU

LE FEU PURIFIANT

Un Traité Chimico-Kabbalistique
rassemblé à partir du *Kabala Denudata*
de Knorr Von Rosenroth.

Traduit par un amateur du Philalèthe, 1714.

UNICURSAL

TABLE.

Æsch Mezareph

ou

Le Feu Purifiant

*Traduit de l'anglais en latin
et du latin en français.*

Æsch Mezareph.

Chapitre I.

ELISHA (אֱלִישָׁע) prophète très connu exemple de la sagesse naturelle, et mépriseur des richesses, comme l'histoire de Sanati Naami nous l'apprend au 2. reg 5. v.6. par-là il a été vraiment riche comme nous lisons dans le pirke abroth c. 4. Qui est-ce qui est riche ? C'est celui qui se contente de ce qu'il a, car le vrai médecin des métaux impurs ne fait pas valoir des richesses externes, mais il est plutôt comme le tohu (תֹהוּ) de la première nature vide. Ce mot est égal en nombre au mot d'Elisha (אֱלִישָׁע), savoir 411. Car ce qui est dit dans Babha Kama fol. 71. col. 2. est fort vrai, la chose qui cause les richesses (telle qu'est la sagesse naturelle) est comme les richesses mêmes. Apprenez donc à purifier Naamus arrivant du Septentrion et de la Syrie, et connaissez les forces du Jourdain qui est comme Jeor Din (יְאֹר דִּין) et qui est le fleuve de jugement

coulant du Septentrion ; et souvenez-vous ce qui est dit
dans Babha Bathra fol 24. dol.2. que celui qui veut devenir sage, qu'il vive dans le Midi ; et que celui qui veut
s'enrichir, se tourne vers le Septentrion, etc. Quoique
R. Jehoscua Ben Levi dise au même endroit : qu'il vive
toujours dans le Midi, car quand il devient sage, il devient riche en même temps, comme il est dit : prov.3
v.16. la longueur des jours est à sa droite, et la gloire et
les richesses sont à sa gauche. Ainsi vous ne dédirez pas
d'autres richesses. Mais sachez que les mystères de cette
science ne sont pas différents des mystères supérieurs
de la cabale : car le rapport des proédicaments qui se
trouve dans la sainteté, se trouve aussi dans l'impureté :
et les séphiroth qui sont dans Aziluth se trouvent aussi
dans Asiah ; et de même dans le règne qui s'appelle ordinairement minéral, quoiqu'il y a toujours une plus
grande excellence dans les choses supérieures. La racine
métallique occupe donc ici le lieu de Kether qui a une
nature cachée et qui est voilée sous d'épaisses ténèbres,
et d'où tous les métaux tirent leur origine : comme
la nature de Kether est cachée, et que c'est d'elle que
sortent tous les restes des séphiroth. Le plomb tient la
place du Hochmah, parce que le Hochmah vient immédiatement de Kether, ainsi il sort immédiatement de la
racine métallique, et est appelé dans d'autres énigmes
semblables le père des natures vivantes.

L'étain tient le lieu de Binah, car par sa blancheur il représente la vieillesse, et par son craquement il signifie la sévérité et la rigueur d'un juge.

Les maîtres de la cabale ont rangé l'argent sous la classe de Chesed, surtout à cause de sa couleur et de son usage. En voilà assez pour les natures blanches, nous allons maintenant examiner les rouges.

L'or suivant l'opinion la plus reçue des cabalistes est placé sous Gebhurah, que Job place dans le Septentrion chapitre 37, verset 22, non seulement à cause de sa couleur, mais encore de la chaleur de son soufre.

Le fer se rapporte à Tiphereth, car il ressemble à un guerrier selon l'exode 13. 2. verset 3. et il a le nom de Seiv Ampin à cause de sa colère précipitée selon le psaume 2 dernier verset. Nezach et Hod sont les deux milieux du corps, et les réceptacles séminaux sont la place de la nature Hermaphrodicale de l'airain, comme les deux colonnes dans le temple de Salomon, qui se rapportent à ces deux formes, étaient composées d'airain selon le 1 livre des Rois chapitre 7, verset 15.

Jesod est le vif argent, car le surnom de vif lui est particulièrement attribué, et cette eau vive est le fondement de toute la nature et de l'art métallique.

Mais la vraie médecine des métaux se rapporte à Malchuth pour beaucoup de raisons, parce que toutes les deux représentent les autres natures sous les méta-

morphoses de l'or ou de l'argent, du droit ou du gauche, du jugement ou de la miséricorde, nous en parle-
rons ailleurs plus au long, ainsi je vous donne entre les
mains une clef pour ouvrir bien des portes fermées, et
je vous ai ouvert un passage qui conduit au plus profond secret de la nature. Mais si quelqu'un a arrangé
ces choses d'une façon différente, je n'aurai pas de dis-
pute avec lui, car tout aboutit à la même fin.

Car on pourrait dire que les trois choses supérieures
sont les trois fontaines métalliques, l'eau grossière est
Kether, le sel est Chochmah et le soufre Binah pour
des raisons communes, ainsi les sept inférieures représentent les sept métaux : savoir Gedulah et Gebhurah
représentent l'argent et l'or ; Thiphereth le fer ; Nezach
et Hod l'étain et le cuivre ; Jesod le plomb et Malchuth
sera la femme métallique et la lune des savants, et le
champ où doivent se semer les semences des minéraux
secrets, savoir l'eau d'or comme nous rencontrons ce
nom dans genèse 36.39.

Mais sachez mon fils, qu'il y a de tels mystères cachés ici que la langue de l'homme ne peut les énoncer.
Pour moi je ne pécherai plus par ma langue mais je
fermerai ma bouche par une bride, psaume 39.2.

———————

Gehazi valet d'Elisha, figure des étudiants communs de la nature qui contemplent la vallée et les profondeurs de la nature, mais qui n'approfondissent pas les secrets, c'est pourquoi ils travaillent en vain et restent valets pour toujours.

Ils donnent des conseils pour procurer le fils des sages, dont la génération est au-dessus du pouvoir de la nature. Mais ils ne peuvent rien faire eux-mêmes pour procurer cette génération, 2 Rois. 4. 14. (qui demande un homme comme Elisha) la nature même ne leur découvre pas ses secrets, verset 26. elle les méprise, il leur est impossible de ressusciter des morts, verset 31, ils sont avares, chapitre 5, verset 20, ce sont des menteurs et des trompeurs, verser 22-24, des babillards qui se font valoir des actions d'autrui, deuxième livre des Rois chapitre 8 verset 4-5, au lieu des richesses ils ne s'attirent qu'une léprosie, c'est-à-dire les maladies, le mépris, la pauvreté, chapitre 5 verset 27, car le mot Gehazi et le mot de Chola, soit profane ou commun ont le même nombre.

Chapitre II.

EN nature métallique, Gebhurah est de la classe à laquelle l'or se rapporte, laquelle a encore sa décade en sorte que :

1. Kethem, (כתם), qui veut dire l'or pur et fin) se rapporte à son Kether ce qui est rapporté à la tête, cantique 5 verset 7.

2. Batzer (בצר), l'or, se rapporte à Chomah parce qu'il est caché dans les places fortifiées, Job 2224.25 chapitre 36-19.

3. Charuth (חרוץ), proverbe 8-10, se rapporte à Binah, parce qu'on le bêche, et le nom appartient au genre féminin.

4. Zahab Shachut (זהב שחוט), c'est-à-dire l'or fin et coulé 2 par 9.5 qui a une analogie au fils de Chesed.

5. Zahab (זהב), tout seul se rapporte à Gebhurah, parce que l'or vient du nord, Job 37.22.

6. Par Zahab Muphaz (זהב מופז), se rapporte à Tiphereth, 1 Rois 10-18, psaume 21.4 et 19.11, Daniel 10.4, car c'est ainsi que sont composés Tiphereth et Malchuth dans le tronc doré, 1 Rois 10.18 de même quand il s'appelle le vase d'or, Job 28.17 la couronne d'or, psaume 21.4, la base d'or, cantique 5.15.

7. Zahab Sagur (זהב סגור), se rapporte à Nezach, c'est-à-dire l'or renfermé, 1 Rois 6.20-21, Job 28.15, savoir pour pousser la semence.

8. Zahab Parvajim (זהב פרוים) se rapporte à Hod, 2. par 3.6.1 Rois 6.20 de ma ressemblance du sang des jeunes bœufs, or ce genre est rouge à gauche.

9. Zahab Tob (זהב טוב) se rapporte à Jezod, c'est-à-dire le bon or, genèse 2.12, car ce genre s'appelle bon d'après le nom d'un homme juste.

10. Zahab Ophir (זהב אופיר), se rapporte à Malchuth, Job 22.24, car c'est le nom d'une terre et s'appelle ainsi des cendres Ash Mezareph chapitre 2.

––––––––

Maintenant Ash Mezareph écrit ainsi au sujet du nom Zahab (זהב), je vous mènerai dans l'antre de la matière occulte, et je vous montrerai les trésors de schelemiach ou Salomon (Nehesniah 13.13), c'est-à-dire la perfection des pierres (Exode 26.6.)

Venez voir! Il y a plusieurs endroits auxquels l'or se rapporte, savoir Gebhurah et Binah, et d'autres en votre particulier, où les espèces sont disposées les unes d'une façon, les autres d'une autre, mais je vous représente à présent la nature de l'or en Tiphereth. Il n'y a pas de raison que vous me fassiez des objections tirées des mots Sohar ou Tikhunim, car sachez que dans cet endroit nous devons entendre Tiphereth ou degré de Gebhurah, c'est un grand mystère, car Tiphereth contient ordinairement sous lui le fer d'où nous cherchons l'or.

C'est ici le Soleil de la nature et de l'art, dont le plus petit nombre est 10 le symbole de toute perfection, lequel nombre vous est montré par la Ghématrie et le nom Atah qui appartient au même dans son plus petit calcul. Mêlez donc le fer et la boue, Daniel 2.33. et vous aurez le fondement de l'or. C'est ici cet or, auquel on attribue la notion de Tétragrammaton, Exode 32.5. dans l'histoire du veau, qui devait être mis en poudre et répandu dans l'eau, le même endroit verset 20 ensuite, où vous verrez sept espèces d'or s'ensuivre immédiatement dans le même ouvrage.

Premièrement l'or simple qui est simplement appelé zahab, car c'est du véritable or, quoique non pas encore tiré des entrailles de la terre, ni détruit par la violence du feu, mais vif, sortant des eaux, quelquefois

d'une couleur de cuivre, quelquefois jaune, quelquefois mûre de couleurs de paon, retournant de lui-même
dans l'eau, cela peut s'appeler Zahab Saba, comme qui
dirait Sabi, l'or de captivité, parce qu'il est renouvelle-
ment, captivité et renfermé dans sa prison, ou il jeûne
quarante jours et autant de nuits, de sorte que vous ne
savez pas ce qu'il est devenu (exode 32.1.) car il n'y a pas
alors d'opérateur extérieur.

Secondement, il devient ensuite Zahab Machut,
comme s'il était tué, car il meurt et étant égorgé se cor-
rompt et devient noir, il est alors sous le jugement et les
écorces, (cortices) le gouvernent, et la force du nom des
quarante-deux lettres et achève son temps.

Troisièmement, Zahab Ophir suit comme si vous
aviez Aphar, car il est de la couleur des cendres lequel
temps est déterminé par les 22 lettres de l'alphabet.

Quatrièmement il devient Zahab Tob parce qu'il est
bon à colorer, quoiqu'il donne seulement la couleur
d'argent, non pas d'or. Ceci peut s'appeler Chethem,
car il peut s'appeler ainsi selon Lam 4.1. comment l'or
peut-il se colorer de rouge et Hachethem Hattob, c'est-
à-dire du bon argent, comment peut-il se changer? C'est
à cela que se rapporte à ce passage de Job 22.24. et mettez le sur Ophir, cela veut dire Opheret plomb, Batzar
argent, c'est-à-dire cet or blanchâtre, car de là vous
aurez de l'argent, et quand il sera dans l'état de pierre,

ajoutez y Nachlun des torrents d'eaux métalliques d'où vous avez Ophir, c'est-à-dire l'or d'Ophir qu'on regarde comme le meilleur. Maintenant vous aurez le nombre du grand nom Ehejech, car après 21 jours vous posséderez ces choses. Cependant si vous voulez ouvrir votre trésor, ouvrez-le, mais vous donnerez seulement de l'argent comme des pierres 1voi. 10.27, mais si vous en voulez d'avantage que votre or soit.

Cinquièmement, Zahab Sagur c'est-à-dire de l'or renfermé : laissez-le dans sa prison, le lieu de sa maturité, dans le sein de la terre des sages, laissez-le dis-je tout le temps qu'Ezékiel est couché, Ezékiel 4.6, et votre or sera.

Sixièmement, Zarak Eak, c'est-à-dire jaune, comme Zahab Parvajim, voilà les trente hommes, juges 14.29, que Sanson a tués, car cela fait.

Septièmement, votre or sera Paz er Muphaz et Ophar étant fortifié pour vaincre et pour colorer tous les métaux imparfaits.

C'est ici Charutz, cette chose aigüe et pénétrante, qui selon Job 41.21, doit être jetée sur la boue, c'est-à-dire les métaux imparfaits, qui a Cohack, le pouvoir de produire l'or ; car Tite et Cohach sont égaux en nombres et cela fera bouillir le fond du plat comme un pot, et rendra la mer des eaux métalliques grossières comme un vaisseau de peinture, mais ensuite on en fera cuire

le sentier verset 31.32, béni soit le nom de la gloire de
son royaume dans tous les siècles des siècles.

Je dis ces choses, ignorant que je suis, selon les fai-
bles lumières de ma connaissance, moi qui ai cherché
les choses cachées pour guérir les créatures, ce qui m'a
porté est ce qui se trouve en Sohar Hasim f 143, chapitre 580, touchant le devoir du médecin que je ne de-
vais pas désister de poursuivre le bon et droit chemin
jusqu'à ce que j'eu découvert la meilleur médecine, en
voici les paroles :

Il est écrit Deuter 32. 10, il le trouvera dans la terre
du désert, et dans la désolation des hurlements et de
solitude. Il lui appliquera des causes, et les fera entendre etc., et c'est avec juste raison, puisqu'il a obligé toutes ces écorces de le servir, voilà ce qui est écrit dans
le livre du médecin Kartanœus, ensuite il a tiré de ce
texte plusieurs observations nécessaires à un médecin
sage, sur la cure du malade couché dans la chambre de
la maladie, genèse 39.20, où les captifs du roi adorent
le Seigneur du monde, car quand un médecin sage le
vient voir, il le trouve dans la terre du désert et dans les
désolations des hurlements et de la solitude qui sont
les maladies qui l'affligent, et le trouve dans la captivité
du roi.

Ici on pourra objecter qu'il n'est pas permis de le
soigner, parce que le Saint des Saints qui est béni à ja-

mais, a ordonné de le saisir. Mais cela n'est pas ainsi car David dit psaume 41. 2, béni est celui qui sait prendre soin des misérables : or celui-là est misérable qui est couché dans la maison de la maladie, et si ce médecin est sage, ce Saint des Saints le comble toujours de bénédiction, en faveur de celui dont il a soin, et ce médecin le trouve dans la terre du désert, etc.

Rabbi Eléazar nous a appris ce qu'il faut faire pour lui : jusqu'ici nous n'avons rien entendu de ce médecin, ni de son livre, excepté qu'une fois un certain marchand m'a dit qu'il avait entendu dire à son père que de son temps il y avait un médecin, qui ayant vu un malade, dit sur le champ, celui-ci vivra, celui-là mourra, et qu'on rapportait que c'était un homme juste de probité et de véracité, qui craignait le péché et que si quelqu'un n'était pas en état de se procurer les choses dont ils avaient besoin, il les lui achetait, et suppléait volontiers à lui acheter ces nécessités, et qu'il était dit qu'il n'y avait pas au monde un homme aussi sage que lui, et qu'il faisait plus par ses prières que par ses mains : et quand nous sûmes que cet homme était le même médecin dont nous venons de parler, le marchand : répondit certainement son livre est entre mes mains, m'ayant été laissé en partie d'héritage par mon père et toutes les paroles de ce livre sont cachées dans le mystère de la loi ; nous y trouvons de profonds secrets et plusieurs médecines, qu'il m'est permis cependant d'employer que pour ceux qui craignent le péché etc. Rabbi Éléazar dit prêtez-le moi, il répliqua, je le veux bien, pourvu que vous le montriez à la lumière sacrée, et nous avons entendu dire (dit Rabbi Éléazar) que ce livre était dans mes mains pour 12 mois, et nous nous y découvrîmes des lumières sublimes et précieuses et nous y trouvâmes plusieurs sortes de médecines, préparées selon les ordonnances de la loi, et les profonds secrets, etc. et nous dîmes béni soit le tout Saint et miséricordieux, qui de sa Sagesse Sublime donne de la sagesse.

Ces choses m'engagent à chercher de pareils bons et secrets livres, et comme la main de Dieu était sur moi, je découvris ce que j'enseigne maintenant, et le baume de ce métal est tout à fait merveilleux car il consiste de six fois six partitions, montrant partout merveilleusement la vertu de la lettre Vau, c'est-à-dire de Tiphereth et de toutes les colonnes et les lignes tant du bas en haut, que du droit à gauche et d'un angle à un autre donne la même somme, et vous pouvez la varier à l'infini et ces sommes variées gardent toujours cette règle que leur plus petit nombre est toujours ou six et ensuite 39 ou est ainsi des autres, par lesquels je pourrais vous révéler beaucoup de choses.

Maintenant j'ajoute un exemple dont la somme représente la somme de 216 ou de Zijek notre lion merveilleux 14 fois qui est le nombre ou nom Zahab, or coptez-le et soyez riche.

11	63	5	67	69	1
13	21	53	55	15	59
37	27	31	29	45	47
35	39	43	41	33	25
49	57	19	17	51	23
71	9	65	7	3	61

CHAPITRE III.

EN matière métallique Rabbi Mondechar écrit ainsi sur l'argent.

Prenez la mine rouge d'argent, broyez-la fort subtilement, ajoutez une once et demie de la chaux de lune et six onces de cette mine : mettez le tout sur du sable dans une fiole bien scellée ; poussez-le par un petit feu pour les premiers huit jours, de peur que son humidité radicale ne s'évapore. La seconde semaine le feu doit être un peu plus fort est la troisième encore plus fort ; et la quatrième le sable ne doit pas être tout à fait rouge, mais assez chaud pour qu'il siffle quand on jette l'eau dessus. Ainsi au haut du verre vous aurez une matière blanche qui est la matière première ou l'Arsenic qu'il est ce qui est l'eau vivante des métaux, que les philosophes appellent eau sèche et leur vinaigre. Ceci doit être purifié de la manière suivante : prenez de cette matière cristalline sublimée, broyez-la sur le marbre avec partie égale de chaux de lune, et mettez-la dans une fiole scellée, mettez-la encore dans le sable sur un feu doux les deux premières heures, sur un plus fort les deux secondes, et encore un plus fort les deux troisiè-mes, en augmentant la chaleur jusqu'à ce que le sable commence à siffler, ainsi notre Arsenic sera sublimé une seconde fois, les rayons étoilés en étant échappés. Mais comme il en faut une certaine quantité, prenez six onces de ceci, et une once et demie de la plus pure limure de Lune, faites en un Amalgame, laissez-les en digestion dans une fiole sur les cendres chaudes, jusqu'à ce que toute la Lune soit dissoute et convertie en eau Arsenicale. Prenez dans une fiole bouchée une once et demie cet esprit ainsi préparé : mettez-le sur les cendres chaudes, et il montera et descendra : continuez la cha-leur jusqu'à ce qu'il cesse de suer et qu'il reste au fond en couleur de cendre. C'est un signe que la matière est dissoute est purifiée prenez une partie de cette matière cendrée et une moitié de l'eau susdite, mêler les et fai-tes-les suer dans un verre en environ huit jours, quand donc la terre cendrée aura commencé à devenir blanche, ôtez-la, et l'imbibez de cinq onces à l'eau Lunaire et fai-tes-la digérer comme auparavant : faites-la imbiber une troisième fois avec cinq onces de la même eau et laisser la congeler, comme ci-devant, pour huit jours ; la quatrième imbibition demande sept onces de l'eau Lunaire, les sueurs ayant cessés, la préparation cesse aussi.

Maintenant pour l'ouvrage blanc prenez 21 gros de cette terre blanche, 14 gros d'eau lunaire, 10 gros de chaux de lune la plus pure, mêlez les sur un marbre, et faites-les coaguler jusqu'à ce qu'ils deviennent durs; imbibez le tout avec trois parties de son eau propre, jusqu'à ce qu'il les ait bus : répéter cette manœuvre jusqu'à ce que la matière coule sur une lame de cuivre rougie sans fumée; alors vous aurez une teinture pour le blanc que vous pourrez augmenter par les moyens susdits.

Pour le rouge il faut employer la chaux de Soleil et un feu plus fort; et c'est un ouvrage d'environ quatre mois. C'est ainsi que parle cet auteur.

Comparez ceci aux écrits d'un philosophe Arabe, où il écrit plus au long de cette matière arsenicale. Esch. Mezareph chapitre trois.

Chesed dans le régime minéral est l'argent sans contredit. Ainsi le plus petit nombre de ses mots Gedhula (גדולה) et Sama (סאמא), argent, proverbe 16. 16 et 17. 3, aussi psaume 12. 7, et Job 28. 1, elle-même, est inférée et la troisième décade Sephirotique de ce Chesed, de l'exode 38. 17. 19, où l'argent dans les chapitres des colonnes représente Kether, mais Chochmah est comparée avec l'argent, proverbe 2. 4 et Binah proverbe 16. 16.

Gedhula se déduit manifestement de l'histoire
d'Abraham, où l'argent est toujours préféré genèse 13.
2. et 23. 14. 16 et 24. 34. 53.

Gebhurah est montré quand l'argent est mis dans
le feu, proverbe 17. 3 et nombres 31. 21, psaume 66. 10,
proverbe 27. 21 et 48. 10, Ezequiel 22. 22, Zech. 13. 9
Malchuth 3. 3.

Tiphareth est la poitrine de la statue, Daniel 2. 32.

Netzach est une veine d'argent Job 28. 1.

Hod ce sont les trompettes d'argent nombre 10. 2.

Jesod se trouve dans le proverbe 10. 20, et dans
Malchuth psaume 12. 6.

Le carré de ce métal représente 9 fois 9 carrés, don-
nant la même somme 20 fois, savoir 369 et dans son plus
petit nombre 9, ce que toutes les variations montrent
quand elles devraient être 1000 fois 1000 fois, parce
que Chesed qui est la miséricorde, dure pour jamais.

37	78	29	70	21	62	13	54	5
6	38	79	30	71	22	63	14	46
47	7	39	80	31	72	23	55	15
16	48	8	40	81	32	64	24	56
57	17	49	9	41	73	33	65	25
26	58	18	50	1	42	74	34	66
67	27	59	10	51	2	43	75	35
36	68	19	60	11	52	3	44	76
77	28	69	20	61	12	53	4	45

Barzel fer: dans la Science naturelle ce métal est la ligne moyenne qui s'étend d'une extrémité jusqu'à l'autre. C'est ce mâle cet époux sans lequel de la vierge ne peut pas s'imprégner. C'est cet or des sages sans lequel la Lune serait toujours dans les ténèbres. Celui qui en connaît les rayons travaille dans le jour: les autres tâtonnent dans la nuit.

Parzala dont le moindre nombre est 12, a la même valeur que le nom de cet animal sanguinolent Dod, un ours dont le nom est aussi 12.

C'est ici cette chose mystique qui est écrite, Daniel 7. 5 : « et voilà une autre bête semblable à un ours se mit d'un côté, et a eu trois côtes qui paraissaient hors de sa bouche entre ses dents ; et ils lui dirent, levez-vous, mangez beaucoup de chair. » le sens en est que pour constituer le règne métallique, il faut en second lieu prendre le fer dans la bouche ou l'ouverture duquel (ce qui arrive dans un vase de terre) une triple scorie s'élève d'entre sa nature blanchâtre.

Qu'il mange Batzar, c'est-à-dire la chair dont le moindre nombre est 7, c'est-à-dire Puk, Stibium, ou l'antimoine, dont le moindre nombre est aussi certain.

Il faut qu'il mange beaucoup de ces chairs, parce que la proportion de ceci est plus grande que de cela, et tel qu'est la proportion qu'à Puk, c'est-à-dire 106, à Barzel 239, tel sera la proportion du fer avec l'antimoine.

Mais il faut entendre la chair du lion qui est le premier des animaux, dont les ailes aquilines, et tout ce qu'il y a de volatil dans lui, en sera tiré, et on le sublimera, et en le purifiant on le séparera de sa terre ou de ses scories : il se tiendra sur ses pieds, c'est-à-dire qu'il acquerra de la consistance, dans un cône, comme un homme avec un visage élevé, et brillant comme Moïse ;

car Enos et Moïse en pleine écriture en Ghématrie font 341 et le cœur, c'est-à-dire le fer (car Leb et Barzel dans leur petit nombre donnent 5) d'un homme, (minéral) c'est-à-dire Tiphereth, lui sera donné.

Car même le nom de l'étoile qui se rapporte à ceci est Edom, qui marque un homme roux.

Cela fait, il faut prendre la troisième bête, qui est comme un léopard, c'est-à-dire l'eau qui ne mouille pas le jardin des Sages, car Nimra un léopard, et jarden dans leur plus petit nombre donne le même somme, savoir 12, tel est aussi la vitesse de cette eau, qu'elle ne ressemble pas mal à un léopard pour cette raison.

Et il aura les quatre ailes d'un oiseau sur son dos, ces quatre ailes sont deux oiseaux qui agacent la bête avec leurs plumes, afin qu'elle se batte avec l'ours et le lion, quoique d'elle-même elle soit volatile, mordante et venimeuse comme un serpent ailé et un basilic.

Et les quatre têtes de la bête : par ses mots on entend les quatre natures qui entrent dans la composition, savoir le blanc, le rouge, le vert, et l'aqueux.

Et il eut pouvoir sur les autres bêtes, savoir le lion et l'ours, afin de les vaincre et d'en tirer le sang glutineux.

De tout ceci est fait une quatrième bêtes dans le verset 7 qui est affreuse, terrible, et très forte ; car elle jette de si grandes fumées qu'il y a même danger de mort quelquefois si on y touche à contre temps et dans un lieu indu.

Elle a de grandes dents de fer, parce que ceci est une des parties et des matériaux qui la composent : elle mange et rompt en pièces et l'or même et les autres, et foule le reste à ses pieds, c'est-à-dire qu'elle est d'une nature si violente qu'après plusieurs broiements et conculcations elle est à la fin apprivoisée.

Et elle eut 10 cornes parce qu'elle a la nature de tous les nombres métalliques.

Une petite corne, etc., car de ceci est extrait le moindre, ou le jeune roi qui a la nature de Tiphereth (qui est celle de l'homme) mais de la nature de Gebhulal : car c'est cet or qui domine dans l'ouvrage des Sages. Voilà pour les préparations.

Maintenant il faut tuer la bête, détruire son corps et le livrer au feu pour être brûlé, car c'est ici que sévit le régime du feu dont nous avons parlé ailleurs.

J'avais dessein de commenter sur ces choses à l'occasion de l'épée de l'illustre Naaman que le nom de Barzel exprime.

———————

Lancea dans l'histoire de la nature métallique, l'histoire de Phineas, nombre 25. 7, appartient à cet endroit. Par les fornicateurs il faut entendre le soufre mas-culin ou arsenical, et l'eau sèche mêlés hors de saison dans la mine.

Par la lance de Phineas, on entend la force du fer agissant sur la matière pour la nettoyer de ses scories, par le quel fer on vient à bout non seulement de tuer le soufre arsenical, mais même de mortifier la femme à la longue.

Afin de bien appliquer ici les miracles de Phineas, voyez le Targum dans cet endroit, car la nature du fer est merveilleuse, ce que son Camea montre, qui se trou-ve ainsi, ou le nombre 5 et le carré 25, marque la nature féminine corrigée par ce métal.

11	24	7	20	3
4	12	25	8	16
17	5	13	21	9
10	18	1	14	22
23	6	19	2	15

Chapitre IV.

BEDIL, Etain. Ce métal n'est pas d'un grand usage dans la Science naturelle ; car comme elle vient de séparer, aussi sa matière est-elle séparée de la médecine universelle.

Entre les planètes Zedek lui est attribuée, une planète blanche et vagabonde, à laquelle les gentils ont donnés un nom idolâtre dont il est défendu d'en faire mention Exod. 23. 13, et une plus grande extirpation est promise, Hoxh. 2 verset 17, Zeth. 13. 2.

Entre les animaux il n'y a pas d'allégorie qu'on puisse y mieux appliquer que de l'appeler, à cause de son craquement, Chapir Mijaar un sanglier du bois, psaume 80. 14, dont le nombre est 543 qui non seulement vient de 5 fois 109, mais montre encore dans son plus petit nombre, un nombre quinaire, comme le nom de Zadek 194, lesquels nombres étant ajoutés font 14, et ceux-ci encore font 5, qui pris deux fois fait 10 qui est le nombre du mot Bedil, par l'addition de 46. Or 5 fois 10 signifie les 50 portes de Binah, et la 1ère lettre de Séphirath Netzah qui sont des classes séphirotiques, auxquelles ce métal est rapporté.

Dans les changements particuliers sa nature sulfureuse toute seule ne profite pas, mais avec les autres soufres, surtout ceux des métaux rouges, elle réduit en or les eaux épaisses chargées comme il faut de terre ; de même l'argent si on le fait passer avec l'argent vif subtilisé en guise d'eau ténue, ce qui en autre chose se fait fort bien avec l'étain, mais sa nature gluante et aqueuse peut s'améliorer en or si on la pulvérise comme il faut avec une chaux d'or, par tous les degrés de feu, pendant 10 jours, et si on la jette par degrés sur de l'or coulant, en forme de petite pilule, ce qui se fait à ce que j'apprends avec de l'argent ; mais il faut que l'expérience le confirme.

Je n'ajoute plus : celui qui est sage peut corriger les natures et les aider par les expériences quand elles manquent.

Kassistera, Etain : voyez le fameux Bedil où le nombre résultant de tous les côtés est Dal ; qui représente la bassesse et le peu de valeur de ce métal dans les opérations métalliques.

4	14	15	1
9	7	6	12
5	11	10	8
16	2	3	13

Chapitre V.

HOD, dans la sagesse de la nature, est de la classe du cuivre ; car sa couleur exprime la nature de Gebhurah, qu'a ce séphirath, et l'usage du cuivre était dans les instruments de louange et de musique, Chroni. 15. 19, et les arcs de cuivre étaient d'usage dans la guerre, 2. Sam. 22.23, Job. 20. 24 et pareillement Sam. 17. 4. 6. 38.

Or comme Hod est entouré d'un serpent de même Nechofeth, cuivre, est de la même racine que Nachaish, un serpent.

Et les 70 talents de cuivre de l'oblation, Exod. 36.29, représentaient 70 princes, car c'est auprès de cet endroit qu'est la grande force des écorces, de là comme Hod est un degré de représentations prophétiques, de même de la racine de Nachesh vient Nechashum, enchantements, Nombre. 23. 23 et 24. 1, mais celui qui veut être envieux, peut trouver que celui-ci de même que Hod a sa décade particulière. On peut aussi dans l'histoire du cuivre inférer facilement de la loi une décade.

Car cette oblation du cuivre en général, dont on a fait dans la suite des vaisseaux pour le tabernacle, Exod. 38. 29, ne peut-elle pas être se rapporter à Kether, puisque tous les autres degrés en viendront.

La cuvette d'airain, Exod. 30. 18, ne montre-t-elle pas la nature de Chochmah, d'où il descend une influence jusque dans tous les inférieurs ? Mais sa base qui était toujours d'airain, est Binah, car Chochmah y réside, ensuite l'acotel d'airain Exod 27.2 avec sa fourniture représente six extrêmes, car les deux barres dans le même endroit furent recouvertes d'airain, et sont pour ainsi dire les deux bras, Gedhulah et Gebhurah, le corps de l'autel même, Tiphereth : les quatre anneaux d'airain à droite et à gauche Netzach et Hod et le filet d'airain, qui était au lieu d'un fondement de Jesod.

Et si vous dites que l'autel doit se rapporter à Malchuth, suivant le sentiment le plus commun, lequel autel peut représenter la notion d'une femme, je réponds que cela est vrai suivant la distribution générale du tabernacle et du temple, mais parmi les classes spéciales de l'airain, où tout incline déjà à la femelle, et Tiphereth de même, la notion de mâle ne sera pas si éloignée.

Car il y a Adne (**אדני**) des bases d'airain, Exod. 26.37, et 27. 10, qui étant comme le fond du tabernacle, ont assez congrument la nature de Malchuth.

Si l'on voulait ici tracer plus amplement ces mystères, on pourrait facilement prolonger son discours ; mais un homme sage comprendra même en abrégé le fondement.

Les merveilleuses carrées appartenant à la classe d'airain contiennent toutes 7 fois 7 carrés et la somme de chaque ligne, soit horizontale, soit verticale, soit diamétrale, est égale l'une à l'autre, 175 et on en pourrait faire une infinité.

22	47	16	41	10	35	4
5	23	48	17	42	11	29
30	6	24	49	18	36	12
13	31	7	25	43	19	37
38	14	32	1	26	44	20
21	39	8	33	2	27	45
46	15	40	9	34	3	28

Par exemple ici toutes les colonnes font le même Tzepheh 175, comme on le voit ci-dessus; car la 1ère colonne à la droite 4, 29, etc., fait 175 et les autres de même, jusqu'à la dernière vers la gauche de la même manière le plus haut rang 22 (ici il faut remarquer le mystère de 22 lettres) 47, etc., (ici il faut remarquer le mystère du Tétragrammaton) et ainsi des autres jusqu'au bout. Enfin diagonalement depuis l'angle entre l'orient et le midi jusqu'à l'angle entre l'occident et le septentrion, 4, 11, 18, 25, 32, 39, 46 font 175 et depuis l'angle entre l'orient et le septentrion jusqu'à l'angle entre l'occident et le midi, c'est-à-dire 22, 23, 24, 25, 26, 27, 28, font ensemble 175.

C'est pourquoi contemplez ces choses et vous verrez un abîme de profondeur; si vous n'aimez mieux faire allusion à ces couvertures dans lesquels on employa de l'airain, Exod 27. 2. 6, etc.

Ainsi si (1) est omis et que vous commencez par (2), vous aurez des sommes pareilles de 189. Si vous commencez par (4), 206, si vous commencez par (5), 213, et ainsi de suite ils montent en s'excédant l'un l'autre de 4.

Que si vous disposez les nombres par sauts (1), et (3), et (5), et (7) et (9), etc., vous pourrez commencer par celui qui vous plaira pourvu que vous gardiez la proportion; de même aussi (1), et (5) et (9), et (13) le réseau septénaire vous donnera toujours la même somme de quelque face que vous le preniez, dont je vous montrerai ailleurs les autres usages, Aech Muzareph chapitre 5.

———————————

Nechushech, airain, voyez c Eh. Pekude, 103, 410, etc., et voyez Hod comme ci-dessus, parmi les planètes Nogah, Vénus y correspond, instrument nécessaire pour avancer la splendeur métallique.

Mais il a plutôt la qualité du mâle que de la femelle, car ne vous trompez pas à croire qu'une splendeur blanche vous est promise comme le mot Nogah le porte ; mais Hod doit recevoir et donner une influence Gebhuraticalle, ô combien ce mystère est grand !

Apprenez donc de lancer en haut le serpent qui est nommé Nechushtan, 2. Roi. 18. 4, si vous voulez guérir les natures infirmes à l'exemple de Moïse.

Chapitre VI.

CHOCHMAH, dans la doctrine métallique, est le degré du plomb, ou le sel primordial, dans lequel le plomb des Sages est caché, mais comment une place si élevée est-elle attribuée au plomb, qui est un métal si ignoble, et duquel on fait mention si peu souvent dans l'écriture?

Mais il y a de la sagesse cachée ici, tous les deux degrés sont fort secrets, c'est pourquoi on en fait très peu de mention, cependant on ne manquera pas ici le nombre des séphirales particulières.

Car ce qui dans Sechar 5. 7, est appelé un talent exalté de plomb, et remporté du profond, ne peut-il pas représenter le degré de Kether? et ce qui dans le même chapitre verset 8 est dit touchant la pierre du plomb, il a la figure de la lettre Iod qui est dans Chochmah.

Après Ezek 27. 12, le plomb est rapporté à la place de la congrégation, de laquelle trempe est Binah.

Et Amos 7. 7., Anach, une seconde de plomb, dénote le fils de Chesed, car Anach, avec le mot entier à 72, le nombre de Chesed. Mais de ce que, nombre 31. 22, le plomb est compté parmi ces choses qui entrent dans le feu, on le rapportera à Gebhurah.

Mais Job 19. 24, un pinceau de fer et le plomb dont joint ensemble, d'où vous avez Tiphereth.

Mais ce qui dans Ezek. 22. 18. 20, est appelé la fournaise de l'épreuve, ou de la grâce, ou la fournaise du jugement, dans lequel il y a aussi du plomb, savoir Netzach et Hod, car il doit en couler une rivière d'argent.

Et Jérémie. 6. 29, la fournaise de l'épreuve, d'où, par le moyen du plomb on cherche le bon argent, n'est-il pas juste et justifiant Iesod ?

Mais si vous cherchez le fond de la mer, examinez Exod. 14. 10, où vous rencontrerez la notion de Malchuth.

C'est ici cette mer rouge de laquelle le sel de la sagesse a été extrait, et dans laquelle les vaisseaux de Salomon emportèrent de l'or.

―――――――――――

Ophreth, dans la doctrine des choses naturelles, est rapporté à la sagesse ; car un grand trésor de sagesse y est caché, et c'est ici qu'est rapporté l'endroit du proverbe 3. 19, le Seigneur en la sagesse a fondé la terre, je dis la terre dont Job parle chapitre 28. 6, qui a de la poudre d'or, ou il faut prendre garde du mol Ophreth, plomb. Ce plomb par un nom mystique est appelé Ghol (tout), parce que c'est là où réside le système de toute universalité, car la figure en bas a un cercle, le signe d'une perfection universelle, et dessus quatre Daleths, dont les angles se rencontrent dans un coin pour faire voir que toute quaternité y est, et les quaternités de quaternité, soit que vous conceviez les éléments, les écorces, les Etres ou les mondes.

Et dans le plomb des sages, il y a quatre éléments cachés, savoir le feu, ou le soufre des philosophes, l'air, le séparateur des eaux, l'eau sèche, et la terre du ciel admirable.

Il y a aussi quatre écorces cachées, décrites, Ezek. 1. 4, car dans sa préparation un tourbillon et grand nuage vous rencontrerons, et un feu dévorant, jusqu'à ce que la splendeur si souhaitée paraisse.

De même le séphirath naturel du Tétragrammaton, et son métal se présente à vous ici, et vous voyagerez naturellement par quatre mondes dans le travail, jusqu'à ce qu'après la faction et la formation, qui sont assez laborieux, la création merveilleuse paraisse, après quoi vous aurez l'émanation de la lumière naturelle si désirée.

Et remarquez que le mot Ghol, dont le nombre est 50 multiplié par 15, selon le nombre du nom sacré caractéristique dans le séphirath de la sagesse, produira le nombre d'Ophreth, c'est-à-dire 750.

Le carré de ce métal est aussi merveilleux, dans lequel le nombre 15, savoir le nom de Jah, c'est-à-dire Jéhovah, dans un cadre de 9 carrés (parce que nous sommes dans le neuvième séphirah) par toutes ses colonnes, se présente de la manière suivante.

4	9	2
3	5	7
8	1	6

La planète Shabthai ainsi appelé du repos, se rapporte ici, parce que dans ce principe le repos le plus souhaitable se présente.

Et si vous computez les mots Lahab Shabthai, c'est-à-dire la pointe ou le tranchant de Saturne, il en viendra le nombre du nom ophrech, c'est-à-dire plomb.

Arojeh, un lion, dans la science naturelle est appliqué différemment.

Car il y a Gur Arojeh, un petit lion, comme dit Jacob, genèse 49.9. Ce mot Gur, un petit, est un nombre 209, et si vous ajoutez l'assemblage entier du mot à la place de l'unité, il y aura 210, qui est le nombre du mot Naaman l'Assyrien, général de l'armée du roi Aram, 2 Rois 5.7 parce que l'on doit entendre allégoriquement la matière de la médecine métallique, qui doit être purifiée 7 fois dans le Jourdain, laquelle plusieurs personnes versées dans les matières métalliques appellent Gur.

2. Et afin que vous entendiez mieux cette matière, prenez le plus petit nombre de ce mot Naaman, qui est 21 qui est égal au nombre du nom de Kether qui est Ehozek 21.

3. Le nombre de Naaman avec le mot entier est 211 auquel un autre nom de lion est égal, Avi 211.

4. Et de même Arojeh, un lion, est égal en nombre au premier mot de cette merveilleuse histoire, 2 Rois 5.1 et Naaman etc., car ceci constitue 216.

5. D'ailleurs le mot Kephir, un jeune lion, et Ojerek, s'accordent dans leur nombre; car chacun d'eux donnent 310, et maintenant il est connu dans les mystères métalliques, que dans l'entrée même nous rencontrons l'énigme du lion de la verdure, ce que nous appelons le

lion verd, lequel je vous prie de croire n'être pas ainsi nommé pour aucune autre cause que pour sa couleur, car à moins que votre matière ne soit pas verte, non seulement dans cet état immédiate, avant qu'elle soit réduite en eau, mais même après que l'eau d'or en est faite, souvenez-vous que cette voie sèche universelle doit être corrigée.

6. Les autres noms des lions, sont Labi, qui signifie une lionne selon Job 4.11, les petits de la lionne se sépareront Ezek 19.2, votre mère étant lionne a couché parmi les lions, Nah 2.12, une lionne est là, et verset 13, le lion les étrangla pour sa lionne ; de même Losh, qui dénote un lion fier avec du poil long et simple, comme dans le proverbe 30.30, ces deux noms dans un plus petit nombre contiennent le septénaire, car Lebi contient 43, qui sont 7 et Lish 340 qui sont aussi 7, à ceux-ci le nom Puk, stibium, est égal, qui fait la somme de 906, et son plus petit nombre 7 dont il n'y a rien de plus clair, surtout si on considère le surnom de ce métal, quand il est nommé le valet aux cheveux ou aux longs poils roux, avec beaucoup de noms semblables qu'on lui donne.

7. Il y a encore un autre nom d'un lion selon les maîtres su Sanhédrin, chapitre 11 feuille 94. col 1. savoir Shachatz, ce que le targum emploie aussi, psaume 17.12, son nombre est 398 dans son petit nombre il

a 2, et le mot chaldaïque Tzadida a le même nombre (étant employé dans Targum, 2 Rois 3.30, Jérémie 4.30) au lieu du mot hébreux Puk, qui est l'antimoine, c'est-à-dire 109, qui avec le mot entier est 110 et son petit nombre 2.

8. Nous rencontrerons aussi à la longue le nom du lion noir, c'est-à-dire, Shacal, dont le nombre 338 et son petit nombre 5.

Maintenant prenez le plus petit nombre du mot Naaman, qui est 3 et le plus petit nombre du nom chaldaïque Pavsel, fer, qui est 2 et vous aurez 5.

9. Zahab, l'or, est appelé du nom du lion rouge, et est ainsi non seulement les plus petits nombres des noms Labi et Lish font 14, nombre que Zahab a, mais aussi le plus petit nombre du mot Zahab est 5, comme je viens de dire tout à l'heure être égal à Shacal.

Mais sous cette notion il faut entendre l'or, ou déjà mortifié, ou tiré à la fin des mines des sages : noir en couleur mais rouge en puissance.

CHAPITRE VII.

JARDEN dénote l'eau minérale qui sert à nettoyer les métaux et les minéraux lépreux, mais cette eau coule d'une double fontaine, dont l'une s'appelle Jeor, c'est-à-dire fluide, qui a la nature de la main droite et très bénigne, l'autre s'appelle Dan, rigoureux et d'une nature âpre.

Mais elle coule par la mer salée, ce qu'il faut remarquer, et l'on croit qu'à la fin elle se mêle avec la mer rouge, qui est la matière sulfureuse et masculine et connue de tous les véritables artistes.

Mais sachez que le nom Jachu, c'est-à-dire pureté, étant multiplié par 8, le nombre de Jesod, produit le nombre de Seder, c'est-à-dire ordre, qui est 264, lequel nombre est aussi contenu dans le mot Jarden, afin que vous vous souveniez, que tout au moins 8 ordres de purification sont nécessaires avant que la véritable pureté s'ensuive.

––––––––––––––––––

Jesod dans les choses naturelles contient sous lui le mercure, parce que ceci est le fondement de tout l'art de transmutation.

Et comme le nom El insinue la nature de l'argent, parce que tous les deux appartiennent à la classe de Jesod (mais ici au Chesed qui est inférieur au Jesod) de même le nom El-Chai, est pour ainsi dire argent vif.

Et ainsi Chochab, une étoile, qui est le nom de la planète sous le gouvernement de laquelle cette nature est 49 avec le mot entier, qui est le même nombre d'El Chai.

Mais souvenez-vous que tout argent vif ne sert pas à cet ouvrage parce qu'ils diffèrent comme le lin de la soie, or vous avez beau travailler sur le lin pour lui faire recevoir la splendeur et la délicatesse de la soie fine.

Et il y a quelques-uns qui croient que ceci est une marque d'une eau légitime, si étant mêlée avec de l'or elle fermente et devient chaude, mais la colution ordinaire du mercure précipité par le plomb fait la même chose : et de quoi servira-t-elle ?

Réellement, je vous dis, il n'y a pas d'autres signes d'un véritable mercure que celui-ci, que dans une chaleur convenable il se couvre d'une pellicule, qui est l'or le plus pur, et le plus fin, et cela dans un très petit espace de temps, même dans une nuit.

C'est ici ce qui non pas sans mystère, est appelé Chochab, une étoile, parce que selon la Kabbala naturelle, Nombre 24.17, du métal Jacob vient une étoile, ou dans un plan, les figures de branches et de rameaux se présentent, et c'est de cette étoile que vient ou que coule cette influence dont nous parlons.

Ce vif argent dans Gemara Sr. Gittin, chapitre 7, feuille 69, est appelé Ospherica, c'est-à-dire eau sphérique, parce qu'elle coule de la sphère mondaine.

Et dans Genèse 36.39, il est appelé Mehetabah, comme si c'était elle Hatbula, en changeant les lettres, c'est-à-dire les eaux d'immersion, parce que le Roi y est plongé pour être nettoyé.

Ou comme si c'était elle El Hatob par un pareil changement de lettres, les eaux du bon Dieu ou d'argent vif, car vif et bon c'est la même chose, comme mort et mal sont les mêmes.

Celle-ci est appelée la fille de Metred, c'est-à-dire comme le Targan nous l'apprend, le faiseur d'or, travaillant avec une fatigue journalière.

Car cette eau ne coule pas de la terre, ni n'est pas tirée de la mine, mais est produite et perfectionnée avec beaucoup de travail et de diligence.

Cette femme (ou femelle) est nommée elle Gahab, les eaux d'or, ou une eau telle que celle qui envoie de l'or.

Si un artiste lui est fiancé, il engendrera une fille qui sera l'eau du bain royal, quoique quelques-uns veulent que cette épouse soit les eaux qui sont faites de l'or, laquelle cependant les pauvres laissent à marier aux grands.

Le mari de Mehetabel est ce roi édmotique, et roi de rougeur, qui est appelé Heder, glorieux, car la beauté est l'honneur du règne métallique, qui est celui d'or, Daniel 11.20, jusqu'à 29, mais un or tel qu'on puisse rapporter à Tiphareth, car Heder représente 109, lequel nombre Tétragrammaton aussi produit multiplié par 8 (qui est le nombre de la circoncision de Jesod) si le mot entier y est ajouté.

Mais afin que vous entendiez que Tiphareth du degré de Gebhurah est sous entendu, sachez que ce nombre étant ajouté au total est aussi contenu dans Jsac, qui de même est la classe de l'or.

La ville de ce Roi est appelée Pegno, clarté, à cause de sa splendeur, selon Deut 33.2, lequel nom est le nom de Joseph, par lequel on entend Jesod, ont le même nombre 136, pour que vous sachiez que l'argent vif est nécessaire pour l'ouvrage, et que la splendeur royale ne réside pas hors de cette ville splendide.

A cet endroit appartient un autre surnom, savoir Elohim Chaïm, comme si on l'appelait or vif, parce que Elohim et l'or dénotent la même mesure, mais cette eau est ainsi appelée parce que c'est la mère et le principe de l'or vivant, car toute autre espèce d'or est sensée être morte hormis celle-ci.

Vous ne vous tromperez pas encore si vous lui attribué un surnom encore plus ordinaire, en l'appelant Mekor, c'est-à-dire une fontaine d'eau vivante, car par cette eau le Roi est vivifié de manière à pouvoir donner de la vie à tous les métaux et les choses vivantes.

Le Camea de cette eau est véritablement merveilleux, et donne pareillement selon le nombre Chai (c'est-à-dire vivant) 18 fois la même somme dans un carré de 64 nombres, qui est la somme de Mezahab, eau d'or, variable de cette façon à l'infini.

Ou vous avez la somme 260 depuis le haut jusqu'au bas, de votre droite à gauche, et par la diagonale, dont le plus petit nombre est 8, le nombre de Jesid, aussi la racine du carré entier est 8.

8	48	59	5	4	62	63	1
49	15	14	52	53	11	10	56
41	23	22	44	45	19	18	48
32	34	35	29	28	38	39	25
40	26	27	37	36	30	31	33
17	47	46	20	21	43	42	24
9	55	54	12	13	51	50	16
64	2	3	61	60	6	7	57

Le nombre de la première somme est 260 qui fait le mot Sar, c'est-à-dire il recula, parce qu'en avançant la somme recule toujours dans les variations, par exemple si vous commencez par (2) (comptant la 1ère colonne pour 8) la somme sera 268 qui se résout en 7.

Si vous commencez par (3) (comptant 8 pour la seconde colonne) la somme sera 276, qui se résout en 6 et ainsi du reste, de même aussi le nombre des purifications s'augmentant le poids de votre eau diminue.

Chapitre VIII.

JUNEH, une colombe, parmi les énigmes des choses naturelles le nom de colombe n'est jamais appliqué aux métaux mêmes, mais aux natures ministrantes et préparantes.

Celui qui entend ici la nature de l'holocauste, ne prendra pas des tourterelles, mais deux jeunes pigeons, ou fils de la colombe, Levit 1.14 et 12.8 et 14.22.

Mais comptez le mot Ben 62, et une paire de colombes d'où vient le mot Nogah 64, qui est le nom de la cinquième planète, et vous irez le chemin droit.

Autrement ne travaillez point à devenir riche, laissez là votre science, voulez-vous que vos yeux l'aperçoivent tout d'un coup? Mais cela ne sera pas, mais (l'écolier des sages) lui fait des ailes, et vole comme un aigle (pour qu'il devienne le ciel des autres minéraux) proverbe 23.4.3.

Jarach, la lune, dans l'histoire des choses naturelles est appelée la médecine pour le blanc, parce qu'elle a reçu une splendeur blanchissante du soleil, qui par un éclat pareil éclaire et change en sa nature toute la terre; c'est-à-dire les métaux impurs.

Et l'endroit d'Isaie 30. 26 peut être entendu mystiquement de ceci, parce que l'ouvrage étant fini, elle a une splendeur Solaire; mais dans cet état l'endroit du cantique 6.9 lui appartient.

Par le même nom la matière de l'ouvrage est appelée de sorte qu'elle ressemble à la lune comme dans le premier état de consistance, et comme la pleine lune dans le dernier état de fluidité et de pureté.

Car les mots Javach, la lune, et Rase, des secrets, aussi Rubui, une multitude, ont par la Ghématrie les mêmes nombres, parce que dans cette matière consistent les secrets de la multiplication.

Gophrith est Soufre; dans la science des minéraux ce principe est rapporté à Binah, à la gauche, à cause de sa couleur, et c'est aussi à cette partie que l'on a coutume de rapporter l'or, et Chavutz, une espèce d'or, étant rapporté à Binah, y étant son plus petit nombre, s'accorde avec Gophritha.

C'est pourquoi l'or de la prudence naturelle doit être Charutz, c'est-à-dire tiré des mines ou quelques autres semblables, et non pas de l'or cuit, et c'est ici le soufre qui a une couleur de feu, pénétrant et changeant les terres impures, savoir le soufre avec le sel Deut 29. 23, soufre avec feu qui tombe sur les méchants, c'est-à-dire les métaux impurs, psaume 11. 6.

Il faudra Becher, ce soufre, et il doit être tiré de l'eau afin que vous ayez du feu tiré de l'eau, et si votre chemin est droit devant le Seigneur, votre fer nagera sur l'eau, 2 Rois 6.6 allez au Jourdain avec Elisée dans le même endroit, verset 4, mais qui est ce qui déclarera le Gebhurah du Seigneur? psaumes 106. 2.

Plusieurs cherchent d'autres soufres, et celui qui a entré dans la maison des chemins particuliers les entendra, Proverbe 6. 2. Car les soufres de l'or et du fer dont l'extraction est enseignée par plusieurs, et est assez facile, de même ceux de l'or et du fer et de l'airain, encore ceux de l'or, du fer et du cuivre, et de l'antimoine qui après la fulmination sont ramassés de la lessive par le vinaigre, étant changés en une huile rouge avec un mercure humide, colorent l'argent, mais aussi l'or dans la maison des sages est un trésor fort à souhaiter.

FINIS.

www.ingramcontent.com/pod-product-compliance
Lightning Source LLC
Chambersburg PA
CBHW070109070426
42448CB00038B/2426